내가 미국에 왔더니

내가 미국에 왔더니

발행일	2024년 8월 9일

지은이	피닉스 에스 림		
펴낸이	손형국		
펴낸곳	(주)북랩		
편집인	선일영	편집	김은수, 배진용, 김현아, 김부경, 김다빈
디자인	이현수, 김민하, 임진형, 안유경	제작	박기성, 구성우, 이창영, 배상진
마케팅	김회란, 박진관		
출판등록	2004. 12. 1(제2012-000051호)		
주소	서울특별시 금천구 가산디지털 1로 168, 우림라이온스밸리 B동 B111호, B113~115호		
홈페이지	www.book.co.kr		
전화번호	(02)2026-5777	팩스	(02)3159-9637

ISBN   979-11-7224-231-2 77810 (종이책)   979-11-7224-232-9 75810 (전자책)

잘못된 책은 구입한 곳에서 교환해드립니다.
이 책은 저작권법에 따라 보호받는 저작물이므로 무단 전재와 복제를 금합니다.
이 책은 (주)북랩이 보유한 리코 장비로 인쇄되었습니다.

(주)북랩 성공출판의 파트너

북랩 홈페이지와 패밀리 사이트에서 다양한 출판 솔루션을 만나 보세요!

홈페이지 book.co.kr   •   블로그 blog.naver.com/essaybook   •   출판문의 book@book.co.kr

---

작가 연락처 문의 ▶ ask.book.co.kr

작가 연락처는 개인정보이므로 북랩에서 알려드릴 수 없습니다.

Hello, friends!
If you are reading this, I guess that must mean that you are like me, huh?
Now, let us begin this new journey together!

안녕, 친구들!
너희들이 지금 이 책을 읽고 있다는 건
아마도 나와 같은 경험을 하고 있다는 거겠지?
자! 지금부터 나와 함께 새로운 여행을 시작해 보자!

Well! You're looking at going to a new country with new people and places. Can you imagine that?

자! 너희들이 지금 새로운 나라와 새로운 사람들 그리고 새로운 장소로 향하고 있다고 상상해 볼 수 있어?

But at the end of the day, there are a few things you need to know.

하지만 너희들이 미국에 도착하기 전에 알아야 할 몇 가지 사항이 있어.

The new country is just a new home.
The new people are just friends you have yet to meet.
And finally, the new places are only new until you explore them.

새로운 나라는 그저 새로운 집일 뿐이라는 거야.
새로운 사람들은 단지 아직 만나지 못한 친구들일 뿐이고.
마지막으로, 새로운 장소란 너의 탐험이 끝날 때까지만
낯선 곳일 뿐이란 걸 명심해.

So what should you do when you come to this new land of opportunities?

Well, say hello to your neighbors! At one time, they had to have moved to a new place just like you.

And they'll be happy to lend you a hand!

그래서 너희들이 이 새로운 기회의 땅에 왔다면 어떻게 해야 할까?

음, 먼저 이웃에게 인사를 해 봐! 그들도 한때는 너희들처럼 새로 이사해 본 경험이 있을 거야.

그리고 너희들에게 기꺼이 도움을 주고 싶어 할 거야!

What about your old friends? Are you perhaps worried that they may become distant?

Don't worry, your old friends won't forget about you!

You can text, call, or video calling them. You guys will still be friends, just friends with a stronger bond than the distance from Korea to America!

그러면 옛 친구들은 어떻게 될까? 혹시 멀어질까 봐 불안해하고 있니?

절대 걱정하지 마. 옛 친구들은 너희들을 잊지 않을 거야!

요즘은 문자, 전화 또는 SNS로 얼마든지 연락할 수 있어. 그러니 너희들은 한국에서 미국까지의 먼 거리에도 불구하고 지속적으로 우정을 강하게 유지할 수 있어!

But now that you're here, now you can make even more friends! How do you do that?

Well…attend camps! Many people have camps for others the exact same age as you who want to experience the same thing of making new friends!

Camps are interesting places where various boys and girls from different races and ethnicities all meet to have fun, just like you!

그러나 이제 미국에 왔으니 더 많은 친구를 사귀도록 노력해 봐야겠지! 어떻게 할까?

음… 캠프에 한번 참석해 봐! 여름 방학이면 새로운 친구와 다양한 경험을 하고 싶어 하는 아이들을 위해 다양한 장소와 다양한 사람들이 캠프를 개최하곤 해!

그곳은 여러 인종과 민족의 소년, 소녀들이 모두 즐겁게 만나서 사귀고 어울려 놀 수 있는 흥미로운 장소이지!

Finally, America is a beautiful country!
There are so many sights for you to see and explore. Have you heard of Mount Rushmore? The Statue of Liberty? Disney World? Or the Grand Canyon? All of these are available to you! They are sure to make an unforgettable impression on you.

그리고 미국은 매우 크고 아름다운 나라야!
너희들이 볼 수 있고 탐험할 수 있는 명소가 아주아주 많지. 러시모어산? 자유의 여신상? 디즈니월드? 그랜드 캐니언? 이 모든 곳들이 너희들에게 개방돼 있어! 그것들은 분명히 너희에게 잊지 못할 추억을 안겨 줄 거야.

Now! Those are the big and important things, but what about, comparatively speaking, the little things. Let's discuss that.

자! 그동안 우리는 크고 중요한 문제에 대해 이야기를 해 봤으니 이번에는 비교적 작게 느껴지더라도 중요한 문제에 대해 이야기해 보도록 하자.

The first thing you'll run into is the jet lag.
When you arrive, until you adjust to the time difference, your body might feel like it wants to fall asleep, but you might have to force yourself to stay awake and see the beautifully bright day.
Not only that, America is a very big place! It's like a shapeshifter in that just a few minutes away from where you were; it can be a whole new time zone!

미국에 도착해서 첫 번째로 마주칠 것은 시차야.
미국에 도착하면 시차에 적응할 때까지 너희들의 몸이 너무 자고 싶어도, 밝게 빛나는 낮을 계속 보면서 억지로 깨어 있어야만 할 거야.
그뿐만 아니라, 미국은 정말 큰 곳이야! 그래서 몇 시간 차로 달려가면 시간대가 바뀌어 버리는 시간의 마법 같은 일이 벌어지기도 하지!

Now, what about school, where you can make your wildest dreams come true?

Well…it's not as simple as strolling in one day to class and going home, but that's okay.

이번에는 너희들이 꿈을 이룰 수 있는 곳인 학교에 대해서 생각해 볼까?

음… 그러나 학교를 간다는 건 매일매일 그냥 학교에 가고 집으로 돌아오는 단순한 일상을 의미하는 것만은 아닐 거야.

First, before you start school, you may need to go shopping to buy new things to take to school. At first it may seem like a hassle, but you'll have the chance to show off your new school supplies to your new friends!

우선 너희들은 학교에 가기 전에 필요한 새 학용품들을 사러 쇼핑을 가야만 할 거야. 처음에는 귀찮은 것처럼 느껴질 수 있지만, 새로운 친구들에게 네가 아끼는 학용품들을 자랑스럽게 보여 줄 수 있는 기회이기도 하지!

When you go to school, your teachers will help you get to know new classmates. From there, I'm sure the teacher will be happy to tell other kids how cool it was that you came from a different country!

학교에 가면 선생님께서는 너희들이 새로운 학우들과 친해질 수 있게 도와주실 거야. 그리고 너희들이 다른 나라에서 왔다는 게 얼마나 멋진 일인지를 새로운 학우들에게 정말 열심히 알려 주실 거야!

Something you may find weird at first is the school food. You might think the food is very different from what you're used to, but don't worry! They will taste just as good. Also, always remember this! The chefs always make your food with love.

처음에는 급식이 좀 낯설게 느껴질 수도 있어. 음식이 너희들에게 익숙한 것과 매우 다르다고 생각할 수도 있지만 걱정하지 않아도 돼! 그 음식들은 그래도 꽤 맛있을 거야. 그리고 항상 기억해! 요리사님들께서는 너희들의 음식을 사랑으로 만들고 있다는 것을.

What of other Koreans living in America like you? I'm sure that you will make plenty of new Korean American friends if you want to. With them, you can speak in secret without anyone understanding.

Well, sometimes you will find someone easily, and sometimes you might need help. All you should know is that no matter how hard, your parents will find someone like you that you can share your experiences with.

그럼 미국 내 한국 친구들은 어떨까? 너희들이 원한다면 새로운 한국 친구들도 또한 얼마든지 사귈 수 있어. 그리고 그 친구들과는 한국어로 다른 아이들이 이해할 수 없는 비밀 이야기도 할 수 있지.

어떤 경우에는 그런 친구들을 쉽게 찾을 수도 있고, 때로는 도움이 필요할 수도 있을 거야. 그러나 아무리 어려워도 너희들이 원한다면 부모님들께서는 어떻게든 한국 친구들을 찾아 주실 수 있을 거야.

Congratulations! You made it to the end of this little book. I know that if you know and really understand these little tidbits of information, you will have no trouble enjoying the best of this wonderful place we call America.

Goodbye, friends! I hope you thrive in your best possible life in America!

축하해! 너희들은 드디어 이 작은 책의 끝에 도착했어. 이 책의 작은 정보 조각들을 알고 이해한다면, 너희들은 이 아름다운 미국에서 최고의 즐거움을 누리는 데 전혀 문제가 없을 거야.

안녕, 친구들! 너희들이 새로운 미국 생활을 만끽하기를 응원할게!